Lk 750.

# DISCOVRS
## VERITABLE
## DV DESASTRE

Miraculeux arriué par le
feu du Ciel fur la fléche
de l'Eglife parochiale de
Bar le Duc, ville capitale
du Duché de Barrois, le
14. iour du prefent mois
de Mars 1619.



A PARIS,

Chez PIERRE DE LON, Ruë
Iudas, à la Nauette.

AVEC PERMISION.

COMME les maladies conta-
gieuses, verges seueres de l'ire
de DIEV courroucé contre
nous) glissent de maison en
maison, & se portent de ville
en ville; & bien que legeres au commen-
cement, se rengregent de telle sorte, que
l'aspect en est du tout affreux & espou-
uantable; Il n'est neantmoins en nous de
asseoir nostre iugement sur les Iugeméts
de Dieu: Puis qu'il luy plaist toutes-fois
de nous enuoyer (comme auant-coureurs
de son ire) des signes, Que dira l'innocéte
posterité? ne se rira-elle pas de nos folies?
ou plustost ne pleurera de nos miseres? si
nous n'auons recours à celuy qui nous en-
uoye le bien, & permet arriuer le mal.

A ij

Ce n'eſt de ce ſiecle que ſignes autant admirables, qu'eſpouuantables, ſe ſont preſentez : (notables aduertiſſeméts que l'ire de Dieu ſe deuoit eſpandre ſur ſon peuple) comme les prodiges veus deuant la ruine de la ſaincte Cité de Hieruſalem : Vne Eſtoille ſemblable à vne Eſpée s'eſtãt apparuë ſur icelle; Vne clarté brillante, la nuict, aux enuirõs du Temple; Des Chariots portez, & gents armez eſpandus au trauers des nuées à l'entour de ladite ville : Et depuis peu, vne Comette veuë par toute l'Europe, ſinguliers Exéples de l'inconſtance des choſes humaines, & qui nous doit rendre certains que noſtre grandeur n'eſt fondée que deſſus l'arreſt d'vne boule. Auſſi auons-nous veuz d'eſtranges & deſplorables accidents, tant en ceſte ville de Paris, par le deſaſtre arriué au Palais; qu'ailleurs, deſquels ie ne feray mention pour le preſent : Ie parleray ſeulement d'vn mal-heur arriué depuis peu de iours à Bar-le-Duc, ville capitale du Duché de Barrois.

5

Le Ieudy 14. iour du preſent mois & an,
le feu, ou pluſtoſt le foudre du Ciel, ayant
eſté pouſſé d'vn tourbilló de vent, en for-
me de trois flambeaux de feu ardent, s'eſt
attaché à la Fléche, au deſſous de la boule
ou pomme du Clocher de l'Egliſe parrochiale de la ville de Bar-le-Duc, lequel a
commécé enuiron les trois à quatre heures apres midy, & a duré iuſques ſur les
deux à trois heures apres minuict; ledit
foudre eſtát pouſſé d'vne telle impetuo-
ſité, que nonobſtant le ſecours qu'vn tres-
grande affluence de peuple y auroit ap-
porté, iceluy feu du Ciel auroit bruſlé ladite Fléche, couuerte de plomb, qui eſtoit
vne des plus belles de l'Europe; ayát auſſi
fondu les Cloches, qui eſtoiét en nombre
de ſix, de groſſeur admirable; & la ma-
tiere tant deſdites Cloches, plomb, que
fer, entierement perduë; & conſommé
vne tres-gráde & ſpatieuſe Tour, iuſques
aux fondemens. Et comme le ſurplus
d'icelle Egliſe eſtoit deſeſperé, eü eſgard à
la grande quantité de bois ardát de ladite

A iij

Fléche qui tomboit ſur icelle;le peuple ne
reſpirât autre ſecours que celuy de Dieu,
euſt recours aux prieres & à l'interceſſion
de la bien-heureuſe Vierge Marie, à la-
quelle ladite Egliſe eſt dediée; & vit-on à
l'inſtant vn miracle éuident,lors que le ſecours humain eſtoit du tout fruſtratoire:
car la violence du feu fut ceſſée,& l'Egliſe
miraculeuſemét conſeruée;ce qui remplit
vn chacun d'eſtonnemét & d'admiratió;
n'eſtant attentif à autre choſe qu'à prier
Dieu pour appaiſer ſon ire à l'aduenir:
Bien que la perte d'vn tel embrazement
conſiſtaſt à plus de cent mil eſcus; ſe ſou-
ciant encor' moins de ce que dit le Poëte,

*Si quelque Aſtre, au malin eſgard,*
*Allume Saturne, & l'embraze;*
*Vn deluge vient de ſa part:*
*Si le Soleil ou Lyon paſſe,*
*Vn general embrazement*
*Ira le monde conſommant.*

N'eſtimant que la recherche qu'on faict
de la puiſſance admirable des corps cele-
ſtes ſur les choſés de ce monde,diminuë la

grãdeur & Majesté de Dieu: Car il estime que c'est mõstrer qu'il a soing des affaires des hõmes, puis qu'il fait que ces celestes feux (estants ses creatures) sont redoutez comme Heraults & Ambassadeurs de ses commandements. Parquoy la voix du peuple Barisien, tres-Catholique, qui a souffert cest orage, veu agiter, brusler, & consommer la Fléche, la Tour, & vnè partie de la nef de son Eglise parrochiale, (encore que plusieurs particuliers poussés d'autre esprit que de l'esprit de Dieu, vouluslent faire Inuentaire de ces maux) Redoubla ses prieres, les adressant de rechef à la tres-sacrée Vierge Marie, mediatrice enuers la diuine Majesté; à ce qu'elle luy pleust conseruer les Reliques de son sainct Temple, comme estant en sa protection; recognoissant assez qu'elle a preueu de tout temps aux desolations qu'on a veu arriuer sur semblable subject: Et auec lamentation s'escria à haute voix; *Ha! pauure Eglise, que feras-tu? tu seras foullée aux pieds; le feu t'embrazera, à peine y resisteras-tu:*

O maison sacree ! tu seras honnie ; tes Autels
saincts & sacrez seront profanez, ta ruine est
ja comme asseuree, si le secours d'en hault ne
vient promptement y remedier. Ce qui arriua
miraculeusement par la toute-puissance
de Dieu, contre tout espoir humain.

Prions sa diuine Majesté qu'elle nous
preserue à l'aduenir de tels ou semblables
desastres, & autres maux que nous pour-
rions meriter, à cause de nos pechez ; &
qu'elle nous done la grace de nous aman-
der, & faire Penitence en ce sainct temps :
Inuoquons l'assistance de la saincte Vierge, comme Aduocate pour nous auprès
de nostre Sauueur & Redempteur IESVS-
CHRIST son Fils, afin qu'il nous fasse
misericorde, & nous donne son Paradis,
Ainsi soit-il.